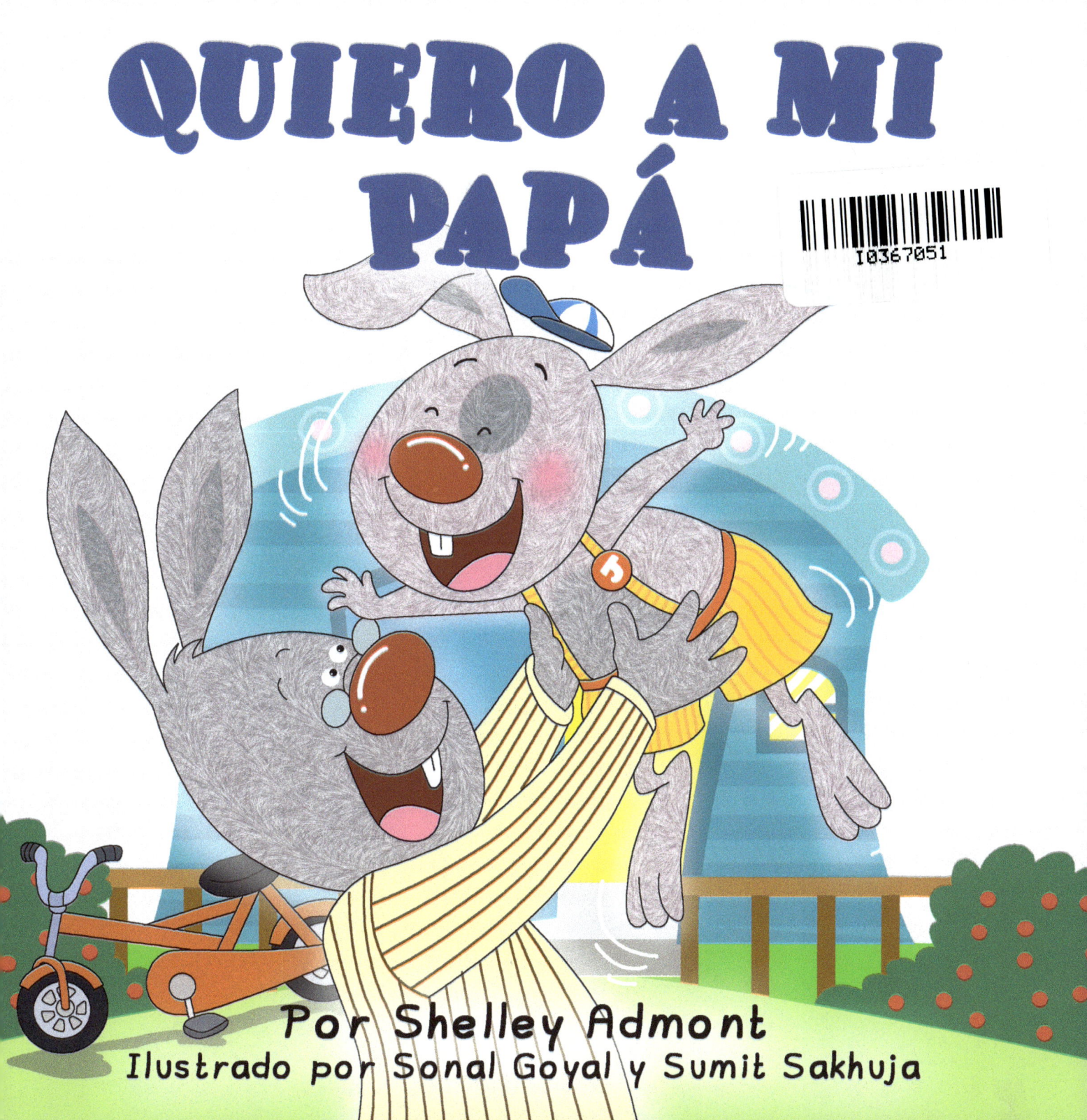

www.kidkiddos.com
Copyright©2015 by S.A.Publishing ©2017 by KidKiddos Books Ltd.
support@kidkiddos.com

All rights reserved. No part of this book may be reproduced in any form or by any electronic or mechanical means, including information storage and retrieval systems, without written permission from the publisher or author, except in the case of a reviewer, who may quote brief passages embodied in critical articles or in a review.

Todos los derechos reservados. Ninguna parte de este libro se puede utilizar o reproducir de cualquier forma sin el permiso escrito y firmado de la autora, excepto en el caso de citas breves incluidas en reseñas o artículos críticos.

Second edition, 2019

Traducción al inglés de Laura Bastons Compta
Translated from English by Laura Bastons Compta

Library and Archives Canada Cataloguing in Publication
I Love My Dad (Spanish Edition) / Shelley Admont
ISBN: 978-1-5259-1773-8 paperback
ISBN: 978-1-77268-473-5 hardcover
ISBN: 978-1-926432-61-8 eBook

Para aquellos a los que más quiero – S.A.

Un día de verano Jimmy, el pequeño conejito, y sus dos hermanos mayores estaban montando sus bicis. Su padre estaba sentado en el patio trasero leyendo un libro.

Los dos hermanos mayores reían ruidosamente mientras jugaban a ver quién pedaleaba más rápido. Jimmy intentaba alcanzarlos sobre su bici de cuatro ruedas.

—¡Eh, esperadme! ¡Yo también quiero correr! —gritó Jimmy.

Pero sus hermanos ya estaban muy lejos y su bici era demasiado pequeña para alcanzarles.

—¡Uf! —Jimmy suspiró y se bajó de la bici.

—¡Esto no es nada divertido! —dijo mientras se sentaba sobre la hierba y observaba a sus hermanos desaparecer tras los árboles.

Pronto, sus hermanos volvieron, hablando y riendo animadamente.

—¡No es justo! —gritó Jimmy—. Yo también quiero montar en vuestras bicis de mayores.

—Pero Jimmy, tú eres demasiado pequeño —dijo su hermano mayor.

—Y ni siquiera sabes cómo montar en una bici de dos ruedas —dijo el hermano medio.

—¡No soy pequeño! —gritó Jimmy—. ¡Puedo hacer todo lo que vosotros hacéis!

Jimmy corrió hacia sus hermanos y cogió una de las bicis.

—¡Mirad! —dijo.

—¡Ten cuidado! —chilló su hermano mayor, pero Jimmy no escuchó.

Pasando una pierna por encima del sillín, intentó montar en la bici grande.

En aquel momento, Jimmy perdió el equilibrio y se estrelló contra el suelo, acabando directamente en un charco de barro.

Sus hermanos mayores rompieron a reír. Jimmy se puso en pie y se limpió las manos llenas de barro en sus pantalones sucios. Esto hizo que sus hermanos se rieran aún más.

—Perdón, Jimmy —dijo su hermano mientras se reía—. Es que es demasiado divertido.

Jimmy no podía aguantar más. Dio una patada a la bici y corrió hacia casa con las lágrimas corriendo por su rostro.

Papá miraba a sus hijos desde el patio trasero. Cerró el libro y fue hacia Jimmy.

—Cariño, ¿qué ha pasado? —preguntó.

—Nada —refunfuñó Jimmy.

Jimmy intentó secarse las lágrimas con sus sucias manos pero, en vez de eso, sólo consiguió mancharse la cara aún más.

Papá sonrió.

—Sé que esto puede hacerte reír... —le susurró a Jimmy.

—Nada puede hacerme reír ahora —dijo Jimmy cruzando los brazos.

—¿Estás seguro? —le preguntó papá mientras comenzaba a hacerle cosquillas hasta que sonrió.

Le hizo tantas cosquillas que Jimmy empezó a reírse nerviosamente. Pero papá no se detuvo ahí. Ambos terminaron rodaron por la hierba, haciéndose cosquillas el uno al otro hasta que los dos rieron ruidosamente.

Todavía con el hipo producido por su risa histérica, Jimmy saltó al regazo de su papá y le abrazó con fuerza.

—Te vi montando en tu bicicleta —dijo su papá, devolviendo el abrazo. Jimmy puso los ojos en blanco.

—Uh, uh...

—Y pienso que estás listo para montar una bicicleta de dos ruedas —continuó su papá.

Jimmy abrió los ojos con entusiasmo y se puso de pie.

—¿De verdad? ¿Podemos empezar ahora? ¡Por favor, por favor, papá!

—Ahora tienes que ir a lavarte —dijo su papá sonriendo—. Podemos empezar a practicar mañana por la mañana.

Tras un largo y relajante baño y una cena familiar, Jimmy se fue a la cama. Esa noche apenas pudo dormir. Se despertó una y otra vez para mirar si ya había amanecido.

Tan pronto como salió el sol, Jimmy corrió hacia la habitación de sus padres. Mamá y papá aún dormían.

Jimmy se acercó a la cama de puntillas y le dio una pequeña sacudida a su padre. Papá tan solo se giró hacia el otro lado y continuó roncando pacíficamente.

Jimmy le besó en la mejilla y susurró:

—Papá, ya ha amanecido.

Esta vez, el ronquido se detuvo, pero Papá aún no abría los ojos.

—Papá, tenemos que irnos —murmuró Jimmy mientras le retiraba las mantas a su padre.

Papá se incorporó y abrió los ojos un poco.

—¿Ah? ¿Qué? ¡Estoy listo!

—Shhhh.... —susurró Jimmy—. No despiertes a nadie.

Mientras el resto de la familia aún dormía, Jimmy y su papá se lavaron los dientes y salieron de la casa.

Al abrir la puerta, Jimmy vio su bicicleta naranja, brillando bajo la luz del sol. Estaba sin las ruedas laterales. Jimmy empezó a saltar con entusiasmo.

—¡Gracias, papá! —gritó y corrió hacia su bici.

Papá le enseñó cómo montarla y cómo pedalear.

—¡Vamos a pasar un buen rato! —dijo papá poniéndole un casco a Jimmy.

Jimmy respiró profundamente, pero no se movió.

—¡Vamos! Voy a ayudarte a subir al sillín— insistió papá.

—Mmmm...—balbuceó Jimmy con voz agitada—. Estoy...estoy asustado. ¿Y si me caigo otra vez?

—No te preocupes —le tranquilizó su papá—. Estaré cerca de ti para cogerte si te caes.

Jimmy saltó sobre la bici y, poco a poco, empezó a pedalear.

Cuando la bici se inclinaba hacia la derecha, Jimmy se ladeaba hacia la izquierda. Cuando la bici se inclinaba hacia la izquierda, Jimmy se ladeaba hacia la derecha.

El pequeño conejito, se cayó algunas veces pero no se rindió, siguió intentándolo una y otra vez.

Día tras día, Jimmy y su papá practicaron juntos. Papá sujetaba a Jimmy cuando éste perdía un poco el equilibrio y, finalmente, el pequeño conejito aprendió a pedalear más rápido.

Después, un día papá dejó de sujetarle y Jimmy pudo montar por sí solo, ¡sin caerse ni una sola vez!

—¡Mira papá! ¡Mírame! —dijo Jimmy orgulloso.

Papá sonrió.

—Ahora que ya sabes cómo montar en bici, no te vas a olvidar nunca.

—¡Y también podré hacer carreras! —exclamó Jimmy.

Ese día Jimmy hizo carreras de bici con sus hermanos.

¿ADIVINAD QUIÉN GANÓ LA CARRERA?

www.ingramcontent.com/pod-product-compliance
Lightning Source LLC
Chambersburg PA
CBHW061140070526
44584CB00033B/4377